AF245342

RÉCIT MÉMORABLE

DE LA

FÊTE DU 4 SEPTEMBRE 1871

Par BLAYAC.

MONTPELLIER

BOEHM & FILS, IMPRIMEURS

Place de l'Observatoire.

—

1871

RÉCIT MÉMORABLE

DE LA

FÊTE du 4 SEPTEMBRE 1871

Cette fête fut annoncée le 3 septembre par une retraite aux flambeaux.

Citoyens! j'entends le tambour
De notre brillante retraite;
Venez partager tour à tour
Les doux prémices de la fête.
Qu'une tendre fraternité,
Par nos chants de paix et de gloire,
Nous éternise la mémoire
De notre sainte Liberté.

Journée du 4.

Le jour commençait à poindre, lorsque je fus réveillé par le chant de *la Marseillaise :*

Le jour de gloire est arrivé !

Ces mots me firent tressaillir de joie ; je me rendis aussitôt sur la place de la Mairie ; là, j'y trouvai les citoyens Retard et Léveillé, qui causaient chaudement.

Voici les premières paroles que j'entendis :

RETARD.

Mon cher ami, si je fais un pas de plus je dégringole.

LÉVEILLÉ.

On a fait ce trou-là pour y planter l'arbre de la Liberté.

RETARD.

Qu'on y plante Badinguet, plutôt.

LÉVEILLÉ.

Ces choses-là ne se déposent qu'aux voiries.

RETARD.

Alors on fête aujourd'hui ? Cependant, j'ai entendu dire qu'on ne fêtait pas.

LÉVEILLÉ.

Ne te fie pas à tous ces cancans ; les aristos le disent pour nous intimider, à cause que ça les entortille.

RETARD.

Qu'est-ce que c'est ça, les aristos?

LÉVEILLÉ.

Ce sont des êtres inhumains qui ont leur conscience dans le portefeuille; d'ailleurs, il n'y a guère à s'y tromper. C'est d'abord tous les gantés à grosse bedaine, ensuite quelques imitateurs du liquide miraculeux des noces de Cana, et puis les somnambules à ongles crochus, qui font ordinairement leur travail de nuit.

RETARD.

Mets-moi tout ça de côté, et parle-moi d'autre chose qui en vaille mieux la peine; tiens, toi qui en sais plus long que moi, tu vas m'expliquer le contenu de ce placard.

LÉVEILLÉ.

C'est le Père qui a fait ça; c'est l'Ami du peuple, un républicain de l'avant-veille, qui a passé par toutes les épreuves de la cruauté monarchique.

RETARD.

Voyons, lis-moi ça artistement.

Liberté. — Égalité. — Fraternité.

Au nom de la République Française.

Enfants, amusez-vous, votre Père l'ordonne.
Jadis on s'amusait sous l'ignoble couronne;
Aujourd'hui, tous coiffés du libéral bonnet,
Réveillons les échos de l'hymne de ROUGET;
Passons avec mépris sur l'incertain présage;
Ne pensons qu'à jouir du présent avantage :
Buvons, rions, dansons, sans nuls autres soucis,
Enfants, pour être forts, il faut rester unis !

Eh ! qui donc oserait nous imposer silence ?
Aurait-on oublié des rois la décadence ?
Assez !... de l'ennemi quand passe le cercueil ,
Nous respectons encor son pitoyable deuil.
Nous ne persistons pas au combat à outrance ;
Loin de nous tout propos de haine et de vengeance :
Malheur à qui voudrait nous traquer de nouveau ;
Je veux, moi, le plus saint, en être le bourreau.

LE PÈRE.

RETARD.

Il a raison le vieux, et je l'approuve. Oui, amusons-nous,
et vive la République !

LÉVEILLÉ.

Oui, cher ami, vive la République ! et que ça parte du cœur
et non du bout des lèvres.

RETARD.

Je sens à mesure que ça me vient d'un peu plus bas...,....,
tiens, du mouvement ; des tambours : ha ! ha ! je crois que ça
commence.

L'affluence des personnes attirées par les tambours de
la garde nationale mit fin à la conversation des deux
amis.

En très-peu de temps, les gardes nationaux en armes
furent rendus sur la place ; la présence de notre honorable municipalité fit une très-vive impression sur tous
les assistants, et de bruyantes acclamations retentirent
de toute part.

Cette majestueuse troupe se mit en marche, drapeaux
et bannières en tête, se dirigeant vers le faubourg des
Casernes, où était le char portant l'arbre de la Liberté.

Plusieurs braves citoyens firent eux-mêmes rouler le

char au pas d'une superbe musique, jusqu'à la place de la Mairie.

Le glorieux symbole de la Fraternité fut salué par une triple salve de nos mortiers d'artifice, et dressé immédiatement au chant de la *Marseillaise*. Les cris de : vive la République ! vive la Liberté ! furent répétés plusieurs fois par une foule immense.

Nos honorables administrateurs, suivis d'un capitaine de la garde nationale, prononcèrent de très-beaux discours, qui furent vivement applaudis ; ensuite un garde national chanta les beaux couplets de l'*Arbre de la Liberté*.

De nouveaux applaudissements terminèrent cette admirable solennité, qui restera éternellement gravée dans nos mémoires.

Après cette magnifique cérémonie, nos dignes administrateurs reçurent en reconnaissance nos félicitations et nos embrassements.

Le cortége se remit en marche pour faire le tour des quartiers avoisinant la Mairie ; notre population joyeuse l'accueillait partout avec enthousiasme.

A leur retour, la garde nationale défila devant la Municipalité, et la place retentit des cris de : vive la République !

Le bœuf et le chevalet dansaient autour de l'Arbre chéri ; les danseurs aux soufflets y singeaient leurs gracieuses mesures, et tout le monde riait de ce bel amusement ; ensuite les joutes sur l'eau continuèrent d'égayer notre ville enchantée.

A sept heures du soir, les banquets succédèrent à tous ces divers amusements ; un grand nombre de citoyens y assistèrent, et le délice y fut à son comble ; les chants et les toasts embellirent tour à tour les doux instants de cette soirée fraternelle.

Les tambours annoncèrent la sortie des banquets ; tous les convives participèrent à la promenade aux flambeaux. Plus de mille citoyens y assistaient, et, au retour, ils se rendirent auprès de notre emblème sacré, qu'ils saluaient par le cri de : vive la République !

Les bals et les cafés étaient à leur comble ; tout le monde dansait, chantait et riait, et les milliers de pétards et de fusées éclataient. Mèze n'avait jamais joui d'une aussi belle journée et d'une partie de la nuit, qui n'en fut pas moins agréable par les sérénades réjouissantes de nos joyeux hautbois.

Journée du 5.

A onze heures du matin, les clairons annonçaient l'ouverture des banquets ; les joyeux convives ne s'y firent pas attendre, et tout s'y passa parfaitement comme la veille.

A leur sortie, le bœuf et le chevalet recommencèrent leurs farces habituelles, et les jouteurs promenaient, au son des hautbois et tambourins, pour annoncer la reprise des joutes.

Pendant que tous ces divertissements se jalousaient leurs plaisirs, les démocrates de Loupian arrivaient en masse pour goûter le bonheur de notre brillante fête ; les boîtes détonnèrent si fortement que bientôt la foule se porta à leur rencontre au cri de : vive les démocrates de Loupian ! vive la République !

Après qu'ils eurent chanté plusieurs hymnes patriotiques qui furent applaudis de tous les assistants, les démocrates de Mèze, réunis à ceux de Loupian, firent une danse enr ond autour du bel Arbre ; la place ne fut pas assez grande pour recevoir les mains de tous ceux qui voulaient y participer ; un pareil exemple de fraternité n'avait jamais existé.

A huit heures du soir (grand branle-bas), tout était en

train : musiques, danses de toutes les manières, cortéges de toutes parts de plus beau en plus beau ; là c'étaient des garçons et des filles qui promenaient la déesse de la Liberté ; d'un autre côté, grande musique et beau cortége d'hommes et de femmes de tout âge se disputant l'honneur de porter notre belle déité ; ensuite, un autre regard plus attrayant nous apparut : c'était un beau garçon, d'une stature superbe, en costume parfait, coiffé d'un bonnet phrygien et tenant un drapeau. Cette belle effigie était debout sur un brancard, avec pose majestueuse ; quatre forts et robustes garçons le portaient, et une foule infinie d'hommes et de femmes, avec des torches allumées, suivait ce merveilleux cortége.

Les cris et les bravos retentissaient, les fusées en masse sillonnaient les airs et le bruit des tambours résonnait dans l'espace.

A mesure que tous ces cortéges défilaient au pied du bel Arbre, la foule immense applaudissait.

Cette magnifique soirée se termina joyeusement et avec la plus parfaite harmonie, laissant dans tous les cœurs l'immortel souvenir de ces jours triomphants.

Journée du 6.

Cet astre radieux de la voûte azurée
Promit à tous nos cœurs une belle journée ;
Nos salves détonant le réveil au lointain
Me firent tressaillir mon sang républicain :
Tout présageait en nous cette fête splendide
Dont depuis bien longtemps le peuple était avide ,
Malgré qu'en nos apprêts l'infâme réaction
Répandait en tout lieu la consternation.
Mais ce peuple si grand, qui peut, quand il veut faire,
De son avidité voulut se satisfaire,
Nargua de nos voisins leurs timides échos,
Par les chants glorieux et les bruyants bravos !
De vous tous, mes enfants, j'applaudis l'allégresse,
Et redeviens encor au temps de ma jeunesse ;
De votre doux bonheur je me sens tressaillir :
Les larmes de mes yeux coulent pour vous bénir.

LE PÈRE.

LÉVEILLÉ.

C'est encore le Vieux qui nous dit ça ; et toi, qu'est-ce que tu me dis pour me rafistoler ?

RETARD.

Ah ! mon cher Léveillé, j'ai passé deux journées dans un monde inconnu ; je ne dis pas au Ciel, parce que je ne sais pas comment que ça s'y passe, mais bien dans les charmes de l'enchantement.

LÉVEILLÉ.

Nous partageons les mêmes avantages ; mais je crois que cela a dû faire monter la moutarde au grand balcon, et je suis bien sûr que les piliers n'en ont pas fermé l'œil de toute la nuit pour combiner leur plan de vengeance.

RETARD.

Je n'en ai dépisté qu'un seul, et qui ne faisait pas mal la moue ; cependant, il n'y a pas de quoi se venger.

LÉVEILLÉ.

Il y a vingt ans de cela, qu'il n'y avait pas plus qu'aujourd'hui matière à vengeance. Eh bien ! voilà ce qu'il en est résulté. Tiens, mon cher Retard, ça me fait frissonner rien que d'y penser.

RETARD.

Raconte-moi ça au plus court ?

LÉVEILLÉ.

Le 2 décembre 1851, Badinguet et consorts livrèrent la France à l'abandon du sabre et autres instruments despotiques, semant partout l'effroyable terreur ; de ce terrible tremblement, Mèze en ressentit une très-forte secousse.

Le 9 du même mois, et sous les ordres de Rostolan, des troupes de Montpellier nous arrivèrent en masse ; un désarmement général s'opéra avec toutes les rigueurs de l'état de siége ; plusieurs citoyens respectables furent arrêtés, enchaînés et conduits dans les prisons cellulaires de Montpellier.

Leurs pauvres familles éplorées réclamaient à grands cris leurs indispensables soutiens.

Les lâches riaient alors..... moi je pleurai.

Après trois mois de privations et d'outrages, ces malheureuses créatures furent condamnées à la transportation ! et leurs chères familles livrées à la mendicité ou à la honte !

RETARD.

Malédiction! C'est trop fort, ça, et nous laissons encore voltiger ces canards-là dans nos ravins sans y couper leurs ailes?

LÉVEILLÉ.

Motus, et ouvre l'œil.

RETARD.

Ces gredins nous mettront à la flanelle.

LÉVEILLÉ.

Les malins ne font jamais rien au préjudice de leur boursicot, et, moyennant leurs piccaillons, ils vexent notre amour-propre de leur mépris et nous poinçonnent nos éléments vitaux, et bien plus encore.... Car, bienheureux celui qui est garçon, sans quoi Satan n'en porte pas de plus belles.

RETARD.

C'est exorbitant cela, et vois-tu ça commence à me monter à la tête; aussi, tiens, laissons-les au diable, et parlons d'autre chose: des banquets, par exemple, ça me va.

LÉVEILLÉ.

Le grand festin de Balthazar ne valait pas notre banquet fraternel. Quel agrément pour les joyeux convives; là, tout y était partagé: mets, plaisirs et pensées. Ah! c'était sublime!

RETARD.

Et après! ces illuminations, ces fusées, qui éclataient partout; ça brillait tellement que j'en ai encore la berlue. Sous Badinguet, on ne voyait pas tout ça!

LÉVEILLÉ.

Alors, c'était l'affaire aux chapeaux cornus, et les établissements publics étaient illuminés de rigueur, à peine de fermeture.

Une grande distribution de pétards était faite aux gamins pour les lancer, et ensuite quelques mal bâtis, à crâne chauve, étaient maigrement payés pour exécuter leur ridicule danse, ce qui faisait à peu près l'effet de la danse des morts.

RETARD.

Crécoquin! comme j'ai dansé de bon cœur quand j'ai vu le Père tirer en avant; nous avions une jolie femme coiffée à bonnet rouge, qui nous battait crânement la farandole. Ah! mon cher, c'était mirobolant.

LÉVEILLÉ.

C'est pour nous un souvenir ineffaçable; tout a contribué aux réjouissances de notre fête. Quel exemple d'amour et de fraternité! Pas la moindre discussion parmi ce peuple immense! Et ce peuple, enfermé dans les limites de ses devoirs, doit encore supporter les affreux hurlements d'une insolente calomnie!

C'est pourtant vrai qu'il y a des hommes à prétextes contrariants, qui ne cherchent qu'à troubler le calme le plus parfait. N'ont-ils pas fêté, en 1852, pendant que les milliers de victimes se lamentaient sur la terre étrangère? Eh bien! ces soi-disant attristés fêteraient encore aujourd'hui l'avènement d'un monarque quelconque s'ils le pouvaient; mais, bernique! ils s'en frottent le bec.

RETARD.

C'est ça qui les fait marronner.

LÉVEILLÉ.

Aussi les gueusards nous traquent incessamment. Il y en a un qui a fait insérer un article au journal, qui nous vexe, et principalement notre honorable administration. Ce qui ne me va pas du tout, et cette espèce d'individu n'a pas eu le courage d'y flanquer son nom!

Voilà ce qui revient de la tolérance ! Et tant qu'on ne leur bouchera pas la gueule, on ne les empêchera pas de hurler.

Oh ! oh ! voilà encore du mouvement……. Un mannequin ; tiens ! c'est Badinguet….. On va chanter ; approchons.

COMPLAINTE

Venez entendre sans crainte
La complainte
De Louis-Napoléon ;
Venez contempler l'ouvrage
Du sauvage
Qui trahit la nation !

Par une funeste guerre,
Voulut faire
De la France un abattoir ;
S'entendit avec Guillaume,
Vieux fantôme,
Qui nous mit au désespoir !

Il quitta la grande ville,
Fort tranquille
Sur son odieux projet,
Emportant dans la Lorraine
Caisse pleine
De mitraille, de budget.

Notre France, désolée,
Décimée
Par d'infâmes assassins ;
De nos soldats, la déroute,
Plus de doute,
u'il les vendit aux Prussiens !

Ce monstre de la nature,
Ce parjure,
Que tout un peuple enchaînait :
Lâcheté, vol, infamie,
C'est la vie
De l'ignoble Badinguet !

Plusieurs coups de fusil mirent le feu à l'auguste monarque empaillé, et Sa Majesté disparut en fumée, emportant de nos cœurs le plus profond mépris.

Après une fraternelle accolade, Retard et Léveillé se séparèrent au cri de : vive la République !

Ainsi finit cette glorieuse et mémorable fête.